BEI GRIN MACHT SICH IHR WISSEN BEZAHLT

AF140767

- Wir veröffentlichen Ihre Hausarbeit,
  Bachelor- und Masterarbeit

- Ihr eigenes eBook und Buch -
  weltweit in allen wichtigen Shops

- Verdienen Sie an jedem Verkauf

Jetzt bei www.GRIN.com hochladen und kostenlos publizieren

Bibliografische Information der Deutschen Nationalbibliothek:

Die Deutsche Bibliothek verzeichnet diese Publikation in der Deutschen National-
bibliografie; detaillierte bibliografische Daten sind im Internet über http://dnb.d-
nb.de/ abrufbar.

Impressum:

Copyright © 2016 GRIN Verlag, Open Publishing GmbH
Druck und Bindung: Books on Demand GmbH, Norderstedt Germany
ISBN: 978-3-668-18801-3

Dieses Buch bei GRIN:

http://www.grin.com/de/e-book/318351/vergleichender-ueberblick-der-architektu-
repochen-romanik-und-gotik

Mike G.

Vergleichender Überblick der Architekturepochen Romanik und Gotik

GRIN Verlag

GRIN - Your knowledge has value

Der GRIN Verlag publiziert seit 1998 wissenschaftliche Arbeiten von Studenten, Hochschullehrern und anderen Akademikern als eBook und gedrucktes Buch. Die Verlagswebsite www.grin.com ist die ideale Plattform zur Veröffentlichung von Hausarbeiten, Abschlussarbeiten, wissenschaftlichen Aufsätzen, Dissertationen und Fachbüchern.

Besuchen Sie uns im Internet:

http://www.grin.com/

http://www.facebook.com/grincom

http://www.twitter.com/grin_com

Romanische und Gotische Architektur[1] [2]

Vorwort

Die romanischen Basiliken und gotischen Kathedralen lassen noch heute Millionen von Millionen Menschen aus aller Welt zusammenkommen. Im Zuge des Kunstunterrichtes wird dieser Themenblock noch eine zentrale Rolle spielen – nicht nur in der Oberstufe. Es finden sich zahlreiche Internetseiten mit Kurztipps und Kurzhilfen. Dabei liegt eine besondere Betonung auf den Präfix „Kurz-", da diese Internetseiten nur einen groben Überblick gewähren wollen. Diese Arbeit hingegen will einen detaillierten und tiefgreifenden Einblick in eine der fasziniertenste Epoche der Kunstgeschichte gewähren. Genau dafür wurden zahlreiche Bilder echter Kirchen, Skizzen zur Veranschaulichung und vereinfachte Darstellungen eingefügt um dem Leser dieser Arbeit die Vielschichtigkeit der Romanik und der Gotik vor Augen zu halten.

Inhaltsangabe / Überblick.

---

1 Bildquelle: http://www.fotocommunity.de/pc/pc/display/12220417
2 Bildquelle: http://www.kirchengucker.de/2008/02/27/mord-und-fruhe-gotik-kathedrale-von-canterbury/

- **1. Hintergrundinformationen.**
- Im frühen Mittelalter war Europa christlich geprägt und gemäß des 2. Gebotes durften keine christlichen Bilder angefertigt werden.
- Karl der Große setzte sich im Bilderstreit 794n. Chr. Durch und erlaubt Kunst für die Zwecke der Andacht.
- => Voraussetzung für die christlich-mittelalterliche Kunst war gegeben.

- 750n. Chr. - 950n.Chr. Karolingische Kunstepoche.
- 950n. Chr. - 1024n.Chr. Ottonische Kunstepoche.
- 1024n. Chr. - 1137n.Chr. Salische Kunstepoche.
- 1138n. Chr. - 1250n.Chr. Staufische Kunstepoche.

- Neben der Kirche kommen der Staat und der Ritteradel als Auftraggeber der Künstler für Kunstwerke auf.
- Staat hat sich im Investiturstreit einige Privilegien „erkämpft" und somit weitreichendere Machtbefugnisse erhalten.
- Der Ritteradel hat sich in den Kreuzzügen engagiert und wurde fürstlich entlohnt.

- **Die Romanik** 750n. Chr. - 1250n- Chr. (umfasst die Karolingische und Ottonische Kunstepochen).
- Name ist wegen dem Rückgriff auf römische Architekturmerkmale (vor allem Rundbögen) entstanden.
- Basilika als Kirchenform wird beibehalten, Säulenkapitelle werden besonders ausgearbeitet.
- Plastiken sind sehr einfach gehalten und weisen eine formstrenge Axialität und sakrale Motive auf.
- Buchmalerei kam auf, Kunst solle nicht die Wirklichkeit abbilden, sondern reduzierte alles auf seinen Symbolgehalt.

- **Die Gotik** 1250n. Chr. - 1520n. Chr. (umfasst die Salische und Staufische Kunstepochen).
- Name stammt vom Italiener Vasari, welcher die Kunst aus dem Norden als „barbarisch" bezeichnete (ital. gotico).
- Große Kathedralen spiegeln die vielschichtige Gesellschaftsstruktur wider.
- Spitzbögen und hohe Türme verweisen auf eine Jenseitsorientierung.
- Plastiken haben einen ausgefallenen Faltenwurf, Mimiken versinnbildlichen die Sehnsucht nach dem Paradies.
  → Liebe zum Detailismus der Künstler.
- Bildkunst ging über die Buchmalerei hinaus, Fenstermalerei für die Kirchen und Tafelmalerei für Altäre kam auf.

- **2. Charakteristiken der romanischen Basilika.**
- Eine Basilika ist eine griechische Königshalle bzw. ein Festgebäude.
- Es besteht aus mehreren Schiffen (Mittel-, Seiten- und Querschiff) und besitzt in der obersten Zone des sogenannten Lichtgadens kleine Fenster.
- *Funktion / Wirkung.*
- Anbetung und Verehrung Gottes.
- Gemeinschaftsplatz (singen, Geschäfte abwickeln, treffen, essen).
- Doppelchoranlage war ein Ausdruck des Gleichgewicht zwischen Kirche und Kaiser im Staat.

- Westlösung wurde den Menschen gezeigt, sollte Gefühl der Ohnmacht vor Gottes Macht erzeugen sowie die massive Bauweise.
- Kirche war nach Osten zu Jerusalem ausgerichtet.
- Lettner (Holzzaun, welcher den Kirchenraum begrenzt) hindert das Weltliche ins Geistliche einzudringen.
- Krypta bewahrt die Reliquien auf und soll deren Seligkeit und Heil auf die Gläubigen / Pilger übertragen.
- Massive Bauweise versinnbildlicht Schutz durch Gottes Hand, Türme haben eine praktische Abwehrfunktion.
  → Verteidigung des Christentums vor (heidnischen / weltlichen) Angriffen.
  => Kirche als Zufluchtsort und Ort der Ruhe / Geborgenheit.
- Via sacra (vom Eingang der Kirche bis zum Altar am anderen Ende der Kirche) stellt den Weg der Reinigung dar.
- Neben den christlichen Tafelbildern und Skulpturen fühlte sich der Gläubige mit dem Leidensweg Jesu verbunden.
- *Merkmale der Architektur.*
- Grundriss[3]

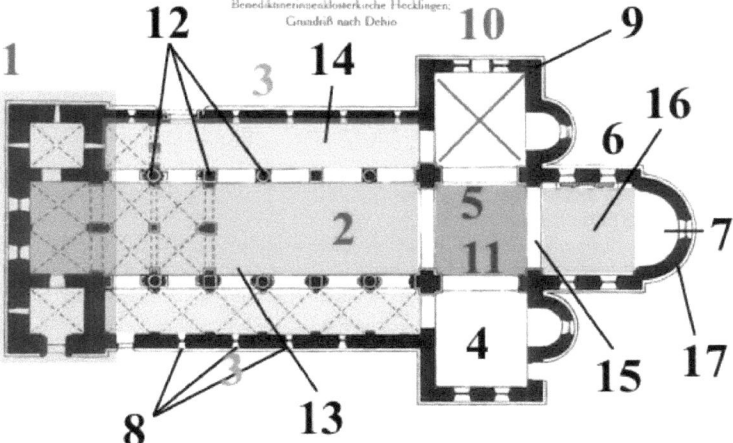

Benediktinerinnenklosterkirche Hecklingen;
Grundriß nach Dehio

- **1) Westlösung, hier Doppelturmfassade.**
- Da die Kirche nach Osten ausgerichtet ist, wird der westlich-gelegene Haupteingang besonders schön verziert, weil er das ist, was die Kirchengänger zu erst von der Kirche sehen.

3   Bildquelle: http://www.kirchengucker.de/2009/05/28/klassisch-romanisch-klosterkirche-st-georg-und-st-pankratius-in-hecklingen/

Frontansicht der Basilika in Gößweinstadt[4]

Frontansicht der Basilika Szent Istvan Bazilika in Ungarn[5]

- **2) Mittel- bzw. Hauptschiff.**
- Ist höher und breiter gelegen als das Seitenschiff und besitzt den einzigartigen Lichtgaden.
- **3) Seitenschiff.**
- Das Seitenschiff ist hinter dem Lichtgaden gelegen, kleiner als das Mittelschiff und direkt mit der Wand der Basilika verbunden.
- **4) Querschiff.**
- Das Querschiff besteht meist aus zwei Türmen, muss es aber nicht.
- Es dient dazu der Kirche eine Kreuzform zu verleihen und wird meist für Ausstellung irgendwelcher Reliquien oder Altarbilder genutzt.
- **5) Der Vierungsturm bzw. die Vierung.**
- Die Vierung ist die Stelle der Basilika, an welcher sich die Quertonne des Querschiffes mit der Längstonne des Mittelschiffes überschneiden.
- Entweder sind die Vierungen[6] mit einem (höheren) Turm überdacht oder besitzt eine Kuppel.[7]

- **6) Chor.**

4 Bildquelle: https://www.tripadvisor.de/Attraction_Review-g641921-d1901121-Reviews-Basilika_Goessweinstein-Gossweinstein_Upper_Franconia_Franconia_Bavaria.html
5 Bildquelle: http://www.budapestbylocals.com/st-stephen-s-basilica.html
6 Bildquelle: http://www.f-rudolph.info/kirchenbau/kirchendecke-3-vierung-turm/
7 Bildquelle: https://de.wikipedia.org/wiki/Markusdom

- Die Choranlage ist der Platz in der Basilika, an welchem sich der Chor befindet, wenn feierliche Anlässe oder besondere Gottesdienste abgehalten werden.
- Eine Doppelchoranlage versinnbildlicht die Harmonie zwischen weltlicher und kirchlicher Macht.
- **7) Apsis.**
- Der Chor wird von der Apsis umgeben, welche halbrund ist und mit einer halbrunden Kuppel überdacht ist.
  → Soll die Harmonie der Kirche verdeutlichen, kein flaches, abgespitztes Ende.
- **8) Fensterdurchbruch.**

**Lichtgaden /
Obergaden /
Fensterzone**

Triforienzone

Arkadenzone

- **Innenwandgliederung der Kirche St. Peter und Paul in Bern**
  Obwohl es sich dabei um eine neogothische Kirchen handelt,
  ist der Aufbau der Innenwand auch exemplarisch für die Romanik.

- Die oberste der drei Zonen im Licht- bzw. Obergaden ist die Fensterzone, welche kleine, schießscharten-ähnliche Fenster aufweist.[8]
- Als das Widerlager Lichtgaden mit wenigen, schießscharten-ähnlichen Fenstern.
- Das sogenannte Widerlager verstärkt die Mauern, da die statischen Kräfte der Türme und hohen Decken das

8 Bildquelle: https://de.wikipedia.org/wiki/Triforium#/media/File:Bern_Peter_und_Paul_Triforium.jpg

Mauerwerk sonst überanspruchen würden.

- Typisch für romanische Kirchen sind die kleinen, schießschartenähnlichen Fenster, welche in der klassisch-römischen Rundbogenform gehalten sind.[9]
- Diese Rundbogen wurden im Laufe der Romanik weiter ausgebaut und verzierter eingesetzt, vor allem als durch das Widerlager die Wand entlastet wurde und die Fenster größer werden konnten.[10]
- Die Tonnenbauweise[11] fand in den Gewölben der Kirchendecken Verwendung.
- Gurtbögen bzw. Halbtonnen stützten die Decke und vermieden unschöne Ecken oder Kanten an der Decke.
  → Oben (im Himmel) ist alles perfekt, dort gibt es nichts Unschönes.
- **9) Mauerwerk.**
- Das Mauerwerk musste die gesamte Last der Decken, Dächer, Kuppeln und Türme tragen, weshalb die Wanddicke möglichst groß sein sollte.
- Hohe Türme oder große Fenster waren nicht möglich, da die Wände diesem Druck nicht entgegenwirken konnten.
  → Hauptgrund für die sperrliche Beleuchtung in den Basiliken und dem hohen Kerzenverbrauch der Priester / Mönche.
- Das sogenannte Widerlager verstärkt die Wände, vor allem im unteren Bereich, sodass die Türme höher und die Fenster größer werden konnten.
- **10) Gewölbe.**
- Das Gewölbe soll den Blick nach oben optisch erweitern, Tonnen und Halbtonnen runden die Decken ab.
- Pfeiler und Säulen stabilisieren die Decke.
- Die Tonnenbauweise[12] fand in den Gewölben der Kirchendecken Verwendung.
- Gurtbögen bzw. Halbtonnen stützten die Decke und vermieden unschöne Ecken oder Kanten an der Decke.
  → Oben (im Himmel) ist alles perfekt, dort gibt es nichts Unschönes.
- Die Längstonne besitzt einen sogenannten Gurtbogen, die Quertonne einen Schildbogen.

9 Bildquelle: http://romanische-schaetze.blogspot.de/2014/06/frankreich-grimaud-var-pfarrkirche-st.html
10 Bildquelle: http://www.heimat-mecklenburgische-seenplatte.de/kirchen/l-brandenbg/k-fuerstenberg/k-fue-berg.htm
11 Bildquelle: http://www.zeno.org/Goetzinger-1885/A/Romanische+Baukunst
12 Bildquelle: http://www.zeno.org/Goetzinger-1885/A/Romanische+Baukunst

Fig. 146. Romanisches Gewölbesystem.

- ▪ Sie stabilisieren die Vereinigung der beiden Tonnen und ermöglichen die Nutzung als Dach.
- • Die Gewölbekappe ist dieses Dach und soll die statischen Kräfte, welche auf die Strebepfeiler wirken, etwas abschwächen.
  => Additive Bauweise wird deutlich, da Tonnen nur an das Kreuzgratgewölbe heran geheftet werden und anschließend miteinander verbunden werden.
- • **11) Rundgewölbe.**
- • Entsteht durch das Zusammentreffen der Quertonne „aus" dem Querschiff mit der Längstonne „aus" dem Hauptschiff.
- • Kreuzgratgewölbe verbindet beiden Tonnen miteinander und schafft ein „rundes" Gewölbe.
  - ▪ Die orange-gelb eingefärbten Schnittkanten werden Kreuzgrat genannt, woher das Gewölbe seinen Namen erhält.
- • **12) Pfeiler oder Säulen.**
- • Pfeiler halten die Quer- oder Längstonnen in der Luft und leiten die statischen Kräfte in den Boden weiter.
- • Steht ein Pfeiler an der Wand (z.B. im Seitenschiff), so wird er Pilaster genannt.

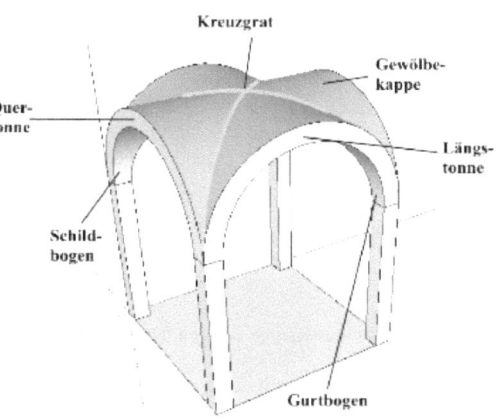

- Verzierte Kapitelle wurden eigens angefertigt.[13]

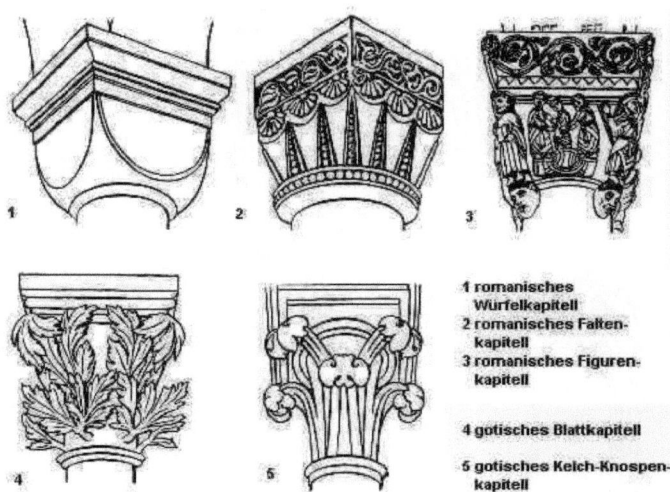

1 romanisches Würfelkapitell
2 romanisches Faltenkapitell
3 romanisches Figurenkapitell

4 gotisches Blattkapitell

5 gotisches Kelch-Knospenkapitell

- Besondere Verzierungen des einfachen Würfelkapitells (1) wurden vorgenommen um den ungebildeten Analphabeten den Leidensweg oder die Geschichte Jesu aufzeigen zu können.

romisches Kapitell in der Kathedrale
von Saint Lazare in Autun, Frankreich [14]

Kapitell in der Kathedrale von Santiago de Compostela[15]

- **13) Mittelschiffjoch.**
- Ein Joch ist ein von einem Kreuzgratgewölbe überwölbter Abschnitt einer Kirche.
- **14) Seitenschiffjoch.**
- **15) Lettner.**
- Dekorierte Wand, welche den Chor vom Langhaus trennt.
- Soll den Christen den Weg zum Heiligtum, welches nur für die Priester bestimmt war, abschneiden.[16]
- **16) Krypta.**
- An diesem Ort der Kirche werden die Gebeine eines Heiligen aufbewahrt.
- Meist ist die Kirche nach diesem Heiligen oder der Reliquie benannt oder gebaut worden.

---

13 Bildquelle: https://www.uni-due.de/collcart/christ/kidu/glossar/glossar0.htm
14 Bildquelle: http://www.dreifaltigkeit-altdorf.de/zitate_rund_ums_geld.htm
15 Bildquelle: http://www.portalsaeule.de/index.php?cat=Portale%2C%20Kapitelle%20und%20Fassaden%2FRomanik %2FSpanien&page=Santiago2

- **17) Chorumgang**
- Außenansicht[17]

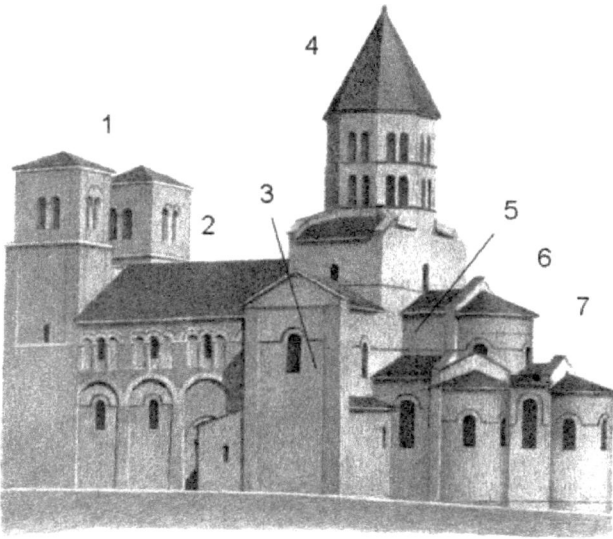

1 Fronttürme

2 Langhaus

3 Querschiff

4 Vierungsturm

5 Chor

6 Apsis

7 Nebenapsis

- **Bedeutung / Bezug des Menschen zu Gott.**
- Durch genaue biblische Baupläne soll der Kirchengänger zur Erkenntnis Gottes geführt werden.
- Längenverhältnisse der Griechen verwendet, welche als vollkommen angesehen wurden.
  → Kirche ist vollkommen, Verweis auf Gottes Perfektion.
- Die Größe und die Stärke der Kirche verdeutlichen Gottes Macht und die Rettung der Kirche.

- **3. Charakteristiken der gotischen Kathedrale.**
- Ursprünglich bischofliche Hauptkirche, Sitz des Bischofs.
- **Funktion bzw. Wirkung.**
- Anbetung bzw. Verehrung Gottes.
- Nutzung als Gemeinschaftsort und Versammlungsplatz (essen, feiern, Freunde treffen).
- Reliquienverehrung und -betrachtung.
- Amtssitz des Bischofs und des Lehnsherren.
- Verwaltungsaufgaben wurden von hier aus getätigt.
- **Architektonische Merkmale.**
- **Grundriss.[18]**

16 Bildquelle: https://www.tu-chemnitz.de/monsax/kloester/zschillen_do/frs_zschillen_bau.html
17 Bildquelle: http://mujweb.cz/architektura/arch2.htm
18 Bildquelle: http://www.uni-muenster.de/Staedtegeschichte/portal/einfuehrung/stadttypen/bischofsstadt_kathedralstadt.html

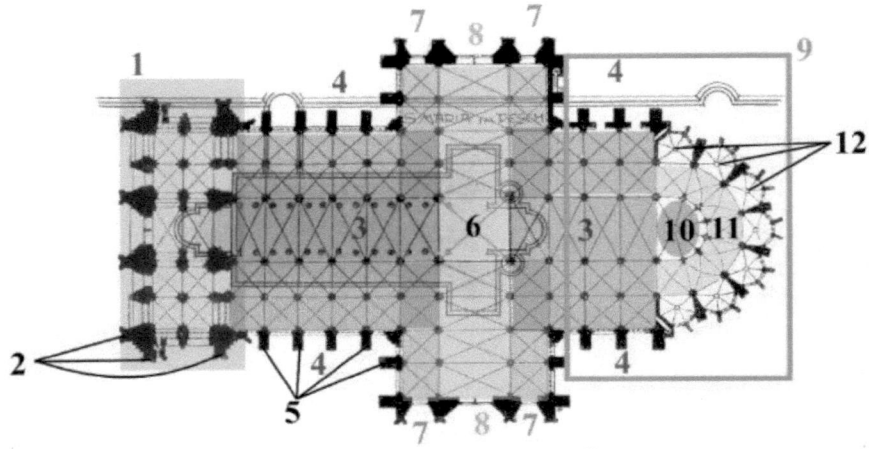

- **1) Westlösung, hier: Zweiturmfassade mit Trichterportalen[19].**
- Ein gotisches Portal besitzt links und rechts Türpfosten, welche jeweils einen Spitzbogen tragen.
- Mehrfach in die Wand hineingestufte Säulen erzeugen einen Trichtereffekt, da der groß-aussehende / wirkende Einfang zu einer kleinen (prunklosen) Tür hinführt.
- Entweder werden die Kapitelle aufwendig gestaltet oder Figuren sind eingefügt worden.
- Figuren in der Säule werden Karyatiden genannt.
- Manchmal stehen die Figuren auch auf den Kapitellen und „begrüßen" die Hineintretenden sozusagen.
- **2) Turmstreben.**
- Turmstreben sind Pfeiler, welche den Turm stabilisieren.
- In der Gotik wollte man immer höher bauen und musste einerseits mit den statischen Kräften, andererseits mit den Winden zurecht kommen.
- Streben fixierten und befestigten die Wände und verhinderten ein Auseinanderbrechen.
  → Äußeres der Kathedrale war (bis auf die Westlösung natürlich) durch ein Labyrinth aus Streben undurchblickbar und chaotisch.
- **3) Mittelschiff.**
- Überwölbter Platz, auf dem sich die Sitzbänke für die Kirchengänger befinden.
- Besitzt keinen Anschluss zur Wand, endet bei den Strebepfeilern.
- **4) Seitenschiff.**
- Überwölbter Platz mit direktem Wandzugang.
- An der Wand wurden meist Bilder aufgehangen oder Altäre davor aufgestellt.
- **5) Strebepfeiler.**
- Stützen die Wand von außen, um sie von den statischen Kräften zu entlasten (mehr dazu siehe unten).
- **6) Vierung.**

19 Bildnachweis: http://missjo.myblog.de/missjo/33

- Der (ungefähre) Mittelpunkt der Kathedrale.
- Dort befindet sich das sogenannte Kreuzrippengewölbe, welches rund zu sein erscheint.[20]

- **7) Das Seitenschiff eines Querschiffs.**
- **8) Das Querschiff.**
- Dieser Ort wurde für geistliche und profane Zwecke genutzt.
  - Der Bischof stand Gerichtsverfahren als weltlicher Herrschaftsträger vor.
- **9) Die Choranlage.**
- Dort stellte sich der Chor zu besonderen Anlässen auf und sang.
- Diente auch als Versammlungsort für den Bischof und das Domkapitel.
- Es befand sich auch der Hauptaltar im Chor, welcher meist höher gelegen war, damit ihn jeder sehen konnte.
- **10) Chorabschluss.**
- Trennung von Chor und Apsis in der Gotik aufgehoben worden.
- **11) Chorumgang.**
- Dient zur Lenkung der Kirchengänger bei Prozessionen oder Wallfahrten.
- **12) Chorkapellen.**
- Diese bilden zusammen den sogenannten Chorkranz.

---

20 Bildquelle: http://de.dreamstime.com/lizenzfreies-stockfoto-innenraum-der-gotischen-kathedrale-image8615995

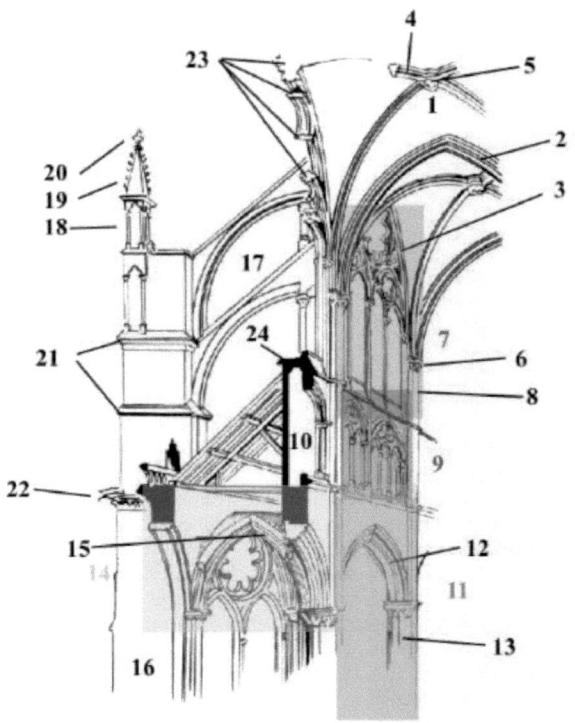

- **Die Skelettbauweise der Gotik.**[21]
- **1) Kreuzrippengewölbe**[22] **des Mittelschiffjoches.**
- Besteht aus 2, 3, 4, 5 und 6.
- Stabilisiert die Decke und leitet die Last zielgerichtet in den Boden und nicht nach außen ab.
  - *1.1 Gurtbogen.*
  - Trennung zwischen zwei Jochen.
  - Dient zur Gliederung oder Verstärkung.
  - *1.2 Schildbogen.*
  - Bogen über dem Obergadenfenster.
  - *1.3 Kreuzrippe.*
  - Verwendung dieser Rippen machten einen quadratischen Grundriss überflüssig.
  - *1.4 Gewölbekappe.*
  - *1.5 Schlussstein.*
  - *1.6 Grat.*
  - *1.7 Ansatzpunkt der Last und des Schubes.*
- **2) Gurtbogen.**
- **3) Schildbogen.**

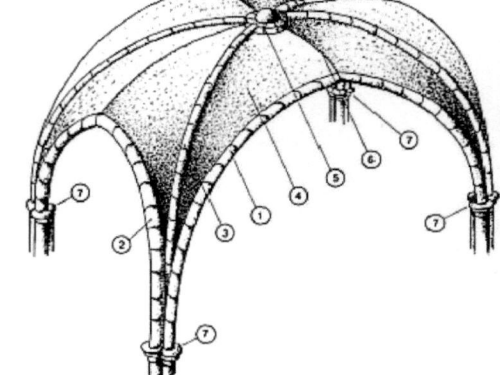

21 Bildquelle: http://florist-theorie.de/stilkunde-6.html
22 Bildquelle: http://felixlaufer.de/referenzen/bk/index.php?site=grundlagen4

- **4) Kreuzrippe.**
- **5) Schlussstein.**
- **6) Ansatzpunkt für die Last und den Schub.**
- **7) Maßwerkfenster des Mittelschiffs.**
- Bildet den Abschluss eines „Fensterblocks" und ist in besonderen, geometrischen Formen gehalten.
  → Schmuckornament.[23][24]

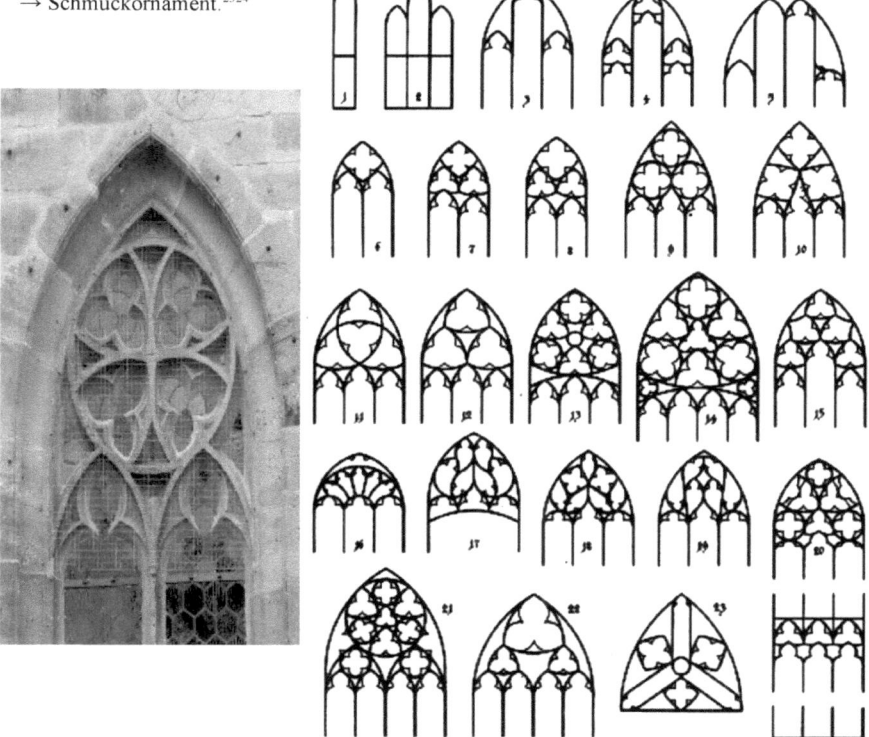

- Liegt ein Maßwerk auf eine geschlossene Wand auf, so wird es Blendmaßwerk genannt.
- Skelettierung der Steine, um die dünnen, runden Teilelemente anfertigen zu können.
- Ein einfaches Verputzen könnte die Last nicht angemessen tragen, weshalb das Maßwerk meist mit Drähten verstärkt wurde.
- In der Gotik benutzte man viele, große Fenster um die Kirchen mit Licht zu fluten.
  → Göttliches Wesen in der Licht vermutet.
- **8) Runddienste.**
- Eine Säule oder eine Gruppe von Säulen, welche nur zwischen 25% - 75% von der Wand absteht.
- Soll die Wand nicht nur stabilisieren, sondern als Schmuckelement dienen (siehe **13) Bündelpfeiler**).
- **9) Triforienzone mit Laufgang.**
- Mittlerer Teil des Licht- bzw. Obergadens, welcher in den gotischen Kathedralen oft begehbar

23 Bildquelle: http://www.urbs-mediaevalis.de/pages/studienportal/middot-glossar/glossar-m/masswerk.php
24 Bildquelle: http://www.mathematik.uni-kassel.de/~rascha/GotischesMusterbuch/Tafel34.htm

war.
- Fensterdruchbrüche wären aus statischen Gründen kein Problem gewesen, aber dahinter versperrt das Strebepfeilerlabyrinth die Sicht und den Einlass des Lichtes.
- **10) Wand hinter dem Laufgang.**
- Sehr dünn, da die Wand durch die Skelettbauweise entlastet worden ist.
- **11) Arkadenzone.**
- Rund- oder Spitzbögen, welche auf jeweils zwei Säulen ruhen.
- **12) Arkadenbogen.**
- **13) Bündelpfeiler.**[25]

- *13.1 Alter Dienst.*
- Läuft in den Gurtbogen des Mittelschiffes.
- *13.2 Junger Dienst.*
- Läuft in die Kreuzrippe des Mittelschiffes.
- *13.3 Alter Dienst.*
- Läuft in den Arkadenbogen.
- *13.4 Junger Dienst.*
- Läuft in die Kreuzrippe des Seitenschiffes.
- *13.5 Alter Dienst.*
- Läuft in den Gurtbogen des Seitenschiffes.[26]

- Ein Bündelpfeiler bündelt die einzelnen Streben und Säulen im Innern der Kathedrale um deren Kräfte zielgerichtet in den Boden zu leiten.
- Alter Dienst bedeutet dabei, dass es sich um „dicke" bzw. große Säulen / Pfeiler handelt, welche die Hauptlast tragen.
- Der junge Dienst dagegen sind meist kleinere Streben, welche eine stabilisierende und die alten Dienste entlastende Funktion besitzen.

25 Bildquelle: http://www.wcurrlin.de/brueckenzugz/bruecke_gz_staedte_im_ma.htm
26 Bildquelle: http://www.zum.de/Faecher/PRO/MUENSTER/fabrik/science/bautech/bk.htm

- **14) Kreuzrippengewölbe des Seitenschiffes.**
- Siehe 1).
- **15) Gurtbogen.**
- Siehe 2).
- **16) Strebepfeiler.**[27]
- Der Strebepfeiler ist sozusagen das Fundament der einzelnen, äußeren Streben.
- Ist von außen sichtbar und entspricht in etwa dem Widerlager der Romanik.
  → Ist eine verstärkte Wand, an welcher die Streben (17) die Wand stützen und einen Zusammenbruch verhindern.
- Nimmt die statischen Kräfte der Strebebögen (17) auf und leitet sie zielgerichtet in den Boden weiter.
- **17) Strebebögen.**
- Der Strebebogen verbindet die äußeren Strebepfeiler mit der Wand der Kathedrale.
- An statisch wichtigen Punkten – nämlich dort wo der Lastenpunkt des Kreuzrippengewölbes ansetzt – werden die Strebepfeiler gegen die Wand gesetzt um die Seitenkräfte zu übernehmen und durch den Strebepfeiler direkt in den Boden weiterleiten zu können.
- Die Mauern wurden entlastet und konnten somit für größere Fenster geöffnet oder für höhere Türme erweitert werden.
- Wegen der Jenseitsorientierung der Bauherren und weil beinahe schon ein Wettbewerb ausgebrochen ist, wer den höchsten Turm bauen kann, wurden immer komplexere Strebewerke entwickelt.[28] [29]
- Meist mussten auch die Strebepfeiler von Strebebögen getragen

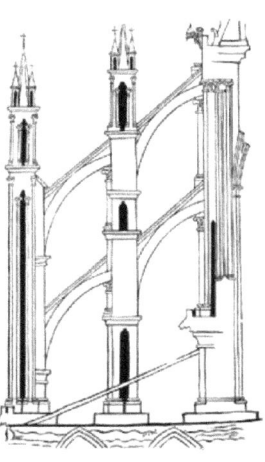

werden um den Lasten entgegenwirken zu können.

- **18) Fiale.**
- Die Fiale ist primär ein ganz praktisches Gebilde: Es übt zusätzliches Gewicht auf den

27 Bildquelle: http://strebepfeilergotischerkirchen.blogspot.de/
28 Bildquelle: http://de.dreamstime.com/stockfoto-strebewerk-einer-neo-gotischen-kirche-image54483740
29 Bildquelle: http://www.rudis-kunstgeschichten.de/domkreuzgang.htm

Strebepfeiler aus, da es sich über dem Strebebogen befindet und lenkt somit die Kräfte des Strebebogens stärker in den Boden weiter.

- Fialen wurden aber auch als Kunstobjekt und Verzierung der unschönen Strebewerke genutzt, da man dieses Labyrinth an Pfeilern und Bögen außerhalb der Kirche in der Romanik und früher nicht kannte.[30][31][32][33]

- **19) Krabbe.**
- Der obere Teil einer Fiale wird als Krabbe bezeichnet und trägt oft pflanzliche / natürliche Motive.
    → Pflanzen- oder Knollenornamente sind häufig gewählt.
- Verzierung zwischen Fiale und Kreuzblume.
- **20) Kreuzblume.**
- Die Kreuzblume bildet die Spitze der Fiale.[34][35]

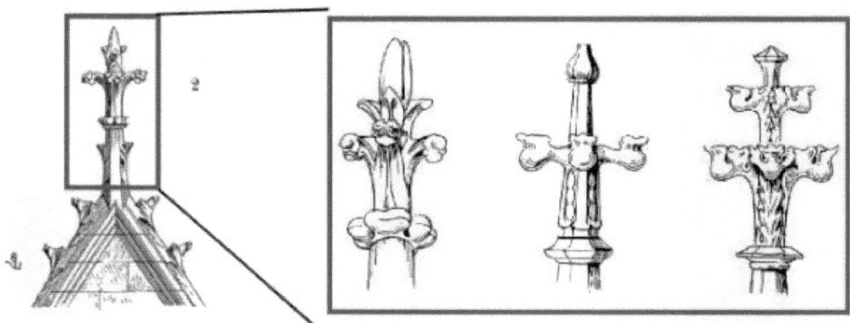

- **21) Wasserschlag.**
- Wird an der Außenfassade in Form einer flachen Platte befestigt.
- Dient der Umverteilung / Ableitung des Regenwassers.

30 Bildquelle: https://barfi.ch/Kunst-Design-Architektur/Wasser-ein-lebenswichtiges-Elementhttps://barfi.ch/Kunst-Design-Architektur/Wasser-ein-lebenswichtiges-Element
31 Bildquelle: http://www.mayko.de/natursteine/sandstein.htm
32 Bildquelle: http://www.catalunya.com/routen/ruta-del-gotic-24-1-9/ruta-del-gotic-24-1-9/palau-de-la-generalitat-17-16003-435
33 Bildquelle: http://www.photaki.de/pictures-konstruktive-elemente-p1
34 Bildquelle: https://de.wikipedia.org/wiki/Kreuzblume
35 Bildquelle: http://florist-theorie.de/stilkunde-6.html

- **22) Wasserspeier.**[36]
- Übernimmt die Funktion einer Regenrinne.
- Lässt das Wasser von der Kathedrale weg fließen.

- **23) Schnitt durch das Maßwerkfenster des Mittelschiffes.**
- **24) Schnitt durch den Laufgang der Triforenzone.**

- **Bedeutung bzw. Beziehung zwischen Mensch und Gott.**
- Durch die Proportionen versinnbildlicht es die göttliche Weltordnung.
- Hoch aufstrebendes Strebewerk und Fialen verdeutlichen Annäherung an das Paradies.
- Hohe Türme und Mauern zeigen die Jenseitsorientierung der Architekten.
- Die Sehnsucht nach Vergeistlichung wurde in den Skulpturen und Figuren (vor allem im Trichterportal) ausgedrückt.
- Die vielen großen Fenster und der erleuchtete Innenraum weisen einerseits auf die Präsenz Gottes, andererseits sollen sie die Weltoffenheit der Kathedrale demonstrieren.

---

36 Bildquelle: https://de.wikipedia.org/wiki/Wasserspeier